国学十三经　三

离骚

线装书局

离骚

战国·屈原

离骚

帝高阳之苗裔兮，朕皇考曰伯庸。
摄提贞于孟陬兮，惟庚寅吾以降。
皇览揆余初度兮，肇锡余以嘉名：
名余曰正则兮，字余曰灵均。
纷吾既有此内美兮，又重之以修能；
扈江离与辟芷兮，纫秋兰以为佩。
汨余若将不及兮，恐年岁之不吾与。
朝搴阰之木兰兮，夕揽洲之宿莽。
日月忽其不淹兮，春与秋其代序。
惟草木之零落兮，恐美人之迟暮。
不抚壮而弃秽兮，何不改乎此度？
乘骐骥以驰骋兮，来吾道夫先路！
昔三后之纯粹兮，固众芳之所在。
杂申椒与菌桂兮，岂维纫夫蕙茝？
彼尧舜之耿介兮，既遵道而得路；
何桀纣之猖披兮，夫唯捷径以窘步！
惟夫党人之偷乐兮，路幽昧以险隘。
岂余身之惮殃兮？ 恐皇舆之败绩。
忽奔走以先后兮，及前王之踵武。
荃不察余之中情兮，反信谗而齌怒。
余固知謇謇之为患兮，忍而不能舍也！
指九天以为正兮，夫唯灵修之故也。
曰黄昏以为期兮，羌中道而改路。
初既与余成言兮，后悔遁而有他。
余既不难夫离别兮，伤灵修之数化。

余既滋兰之九畹兮，又树蕙之百亩。
畦留夷与揭车兮，杂杜衡与芳芷。
冀枝叶之峻茂兮，愿竢时乎吾将刈。
虽萎绝其亦何伤兮，哀众芳之芜秽。

众皆竞进以贪婪兮，凭不厌乎求索。
羌内恕己以量人兮，各兴心而嫉妒。
忽驰骛以追逐兮，非余心之所急。
老冉冉其将至兮，恐修名之不立。
朝饮木兰之坠露兮，夕餐秋菊之落英。
苟余情其信姱以练要兮，长顑颔亦何伤？
擥木根以结茝兮，贯薜荔之落蕊。
矫菌桂以纫蕙兮，索胡绳之纚纚。
謇吾法夫前修兮，非世俗之所服。
虽不周于今之人兮，原依彭咸之遗则。

长太息以掩涕兮，哀民生之多艰。
余虽好修姱以鞿羁兮，謇朝谇而夕替。
既替余以蕙纕兮，又申之以揽茝。
亦余心之所善兮，虽九死其犹未悔。
怨灵修之浩荡兮，终不察夫民心。
众女嫉余之蛾眉兮，谣诼谓余以善淫。
固时俗之工巧兮，偭规矩而改错；
背绳墨以追曲兮，竞周容以为度。
忳郁邑余侘傺兮，吾独穷困乎此时也！
宁溘死以流亡兮，余不忍为此态也！
鸷鸟之不群兮，自前世而固然。
何方圆之能周兮，夫孰异道而相安？

屈心而抑志兮，忍尤而攘诟；
伏清白以死直兮，固前圣之所厚。

悔相道之不察兮，延伫乎吾将反。
回朕车以复路兮，及行迷之未远。
步余马于兰皋兮，驰椒丘且焉止息。
进不入以离尤兮，退将复修吾初服。
制芰荷以为衣兮，集芙蓉以为裳。
不吾知其亦已兮，苟余情其信芳。
高余冠之岌岌兮，长余佩之陆离。
芳与泽其杂糅兮，唯昭质其犹未亏。
忽反顾以游目兮，将往观乎四荒。
佩缤纷其繁饰兮，芳菲菲其弥章。
民生各有所乐兮，余独好修以为常。
虽体解吾犹未变兮，岂余心之可惩！

女媭之婵媛兮，申申其詈予。
曰：『鲧婞直以亡身兮，终然殀乎羽之野。
汝何博謇而好修兮，纷独有此姱节？
薋菉葹以盈室兮，判独离而不服。
众不可户说兮，孰云察余之中情？
世并举而好朋兮，夫何茕独而不予听？』

依前圣以节中兮，喟凭心而历兹。
济沅湘以南征兮，就重华而陈词：
『启《九辩》与《九歌》兮，夏康娱以自纵。
不顾难以图后兮，五子用失乎家巷。
羿淫游以佚畋兮，又好射夫封狐；

固乱流其鲜终兮，浞又贪夫厥家。
浇身被服强圉兮，纵欲而不忍；
日康娱以自忘兮，厥首用夫颠陨。
夏桀之常违兮，乃遂焉而逢殃。
后辛之菹醢兮，殷宗用而不长。
汤禹俨而祗敬兮，周论道而莫差；
举贤才而授能兮，循绳墨而不颇。
皇天无私阿兮，览民德焉错辅。
夫维圣哲以茂行兮，苟得用此下土。
瞻前而顾后兮，相观民之计极。
夫孰非义而可用兮，孰非善而可服？
阽余身而危死兮，览余初其犹未悔。
不量凿而正枘兮，固前修以菹醢。
曾歔欷余郁邑兮，哀朕时之不当。

揽茹蕙以掩涕兮，沾余襟之浪浪。』
跪敷衽以陈辞兮，耿吾既得此中正。
驷玉虬以乘鹥兮，溘埃风余上征。
朝发轫于苍梧兮，夕余至乎县圃。
欲少留此灵琐兮，日忽忽其将暮。
吾令羲和弭节兮，望崦嵫而勿迫。
路曼曼其修远兮，吾将上下而求索。
饮余马于咸池兮，总余辔乎扶桑。
折若木以拂日兮，聊逍遥以相羊。
前望舒使先驱兮，后飞廉使奔属。
鸾皇为余先戒兮，雷师告余以未具。
吾令凤鸟飞腾兮，继之以日夜。
飘风屯其相离兮，帅云霓而来御。

纷总总其离合兮，斑陆离其上下。
吾令帝阍开关兮，倚阊阖而望予。
时暧暧其将罢兮，结幽兰而延伫。
世溷浊而不分兮，好蔽美而嫉妒。
朝吾将济于白水兮，登阆风而继马。
忽反顾以流涕兮，哀高丘之无女。
溘吾游此春宫兮，折琼枝以继佩。
及荣华之未落兮，相下女之可诒。
吾令丰隆乘云兮，求宓妃之所在。
解佩纕以结言兮，吾令謇修以为理。
纷总总其离合兮，忽纬繣其难迁。
夕归次于穷石兮，朝濯发乎洧盘。
保厥美以骄傲兮，日康娱以淫游。
虽信美而无礼兮，来违弃而改求。
览相观于四极兮，周流乎天余乃下。
望瑶台之偃蹇兮，见有娀之佚女。
吾令鸩为媒兮，鸩告余以不好；
雄鸠之鸣逝兮，余犹恶其佻巧。
心犹豫而狐疑兮，欲自适而不可。
凤皇既受诒兮，恐高辛之先我。
欲远集而无所止兮，聊浮游以逍遥。
及少康之未家兮，留有虞之二姚。
理弱而媒拙兮，恐导言之不固。
世溷浊而嫉贤兮，好蔽美而称恶。
闺中既以邃远兮，哲王又不寤。
怀朕情而不发兮，余焉能忍与此终古！
索藑茅以筳䇲兮，命灵氛为余占之。

曰：『两美其必合兮，孰信修而慕之？
思九州之博大兮，岂惟是其有女？』
曰：『勉远逝而无狐疑兮，孰求美而释女？
何所独无芳草兮，尔何怀乎故宇？』
世幽昧以眩曜兮，孰云察余之善恶？
民好恶其不同兮，惟此党人其独异！
户服艾以盈要兮，谓幽兰其不可佩。
览察草木其犹未得兮，岂珵美之能当？
苏粪壤以充帏兮，谓申椒其不芳。

欲从灵氛之吉占兮，心犹豫而狐疑。
巫咸将夕降兮，怀椒糈而要之。
百神翳其备降兮，九疑缤其并迎。
皇剡剡其扬灵兮，告余以吉故。

曰：『勉升降以上下兮，求榘矱之所同。
汤禹严而求合兮，挚咎繇而能调。
苟中情其好修兮，又何必用夫行媒？
说操筑于傅岩兮，武丁用而不疑。
吕望之鼓刀兮，遭周文而得举。
宁戚之讴歌兮，齐桓闻以该辅。
及年岁之未晏兮，时亦犹其未央。
恐鹈鴂之先鸣兮，使夫百草为之不芳。』
何琼佩之偃蹇兮，众薆然而蔽之？
惟此党人之不谅兮，恐嫉妒而折之。
时缤纷其变易兮，又何可以淹留？
兰芷变而不芳兮，荃蕙化而为茅。
何昔日之芳草兮，今直为此萧艾也？
岂其有他故兮，莫好修之害也！

余以兰为可恃兮，羌无实而容长。
委厥美以从俗兮，苟得列乎众芳！
椒专佞以慢慆兮，樧又欲充夫佩帏。
既干进而务入兮，又何芳之能祗？
固时俗之流从兮，又孰能无变化？
览椒兰其若兹兮，又况揭车与江离？
惟兹佩之可贵兮，委厥美而历兹；
芳菲菲而难亏兮，芬至今犹未沬。
和调度以自娱兮，聊浮游而求女。
及余饰之方壮兮，周流观乎上下。

灵氛既告余以吉占兮，历吉日乎吾将行。
折琼枝以为羞兮，精琼爢以为粻。
为余驾飞龙兮，杂瑶象以为车。

何离心之可同兮？吾将远逝以自疏。
邅吾道夫昆仑兮，路修远以周流。
扬云霓之晻蔼兮，鸣玉鸾之啾啾。
朝发轫于天津兮，夕余至乎西极。
凤皇翼其承旂兮，高翱翔之翼翼。
忽吾行此流沙兮，遵赤水而容与。
麾蛟龙使梁津兮，诏西皇使涉予。
路修远以多艰兮，腾众车使径待。
路不周以左转兮，指西海以为期。
屯余车其千乘兮，齐玉轪而并驰。
驾八龙之婉婉兮，载云旗之委蛇。
抑志而弭节兮，神高驰之邈邈。
奏《九歌》而舞《韶》兮，聊假日以婾乐。
陟升皇之赫戏兮，忽临睨夫旧乡。

仆夫悲余马怀兮，蜷局顾而不行。

乱曰：已矣哉！

国无人莫我知兮，又何怀乎故都？

既莫足与为美政兮，吾将从彭咸之所居！

九歌

东皇太一

吉日兮辰良，穆将愉兮上皇。

抚长剑兮玉珥，璆锵鸣兮琳琅。

瑶席兮玉瑱，盍将把兮琼芳。

蕙肴蒸兮兰藉，奠桂酒兮椒浆。

扬枹兮拊鼓，疏缓节兮安歌，陈竽瑟兮浩倡。

灵偃蹇兮姣服，芳菲菲兮满堂。

五音纷兮繁会，君欣欣兮乐康。

云中君

浴兰汤兮沐芳，华采衣兮若英。

灵连蜷兮既留，烂昭昭兮未央。

謇将憺兮寿宫，与日月兮齐光。

龙驾兮帝服，聊翱游兮周章。

灵皇皇兮既降，猋远举兮云中。

览冀州兮有馀，横四海兮焉穷。

思夫君兮太息，极劳心兮忡忡。

湘君

君不行兮夷犹，蹇谁留兮中洲？

美要眇兮宜修，沛吾乘兮桂舟。

令沅湘兮无波，使江水兮安流！

望夫君兮未来，吹参差兮谁思？

驾飞龙兮北征，邅吾道兮洞庭。

薜荔柏兮蕙绸，荪桡兮兰旌。
望涔阳兮极浦，横大江兮扬灵。
扬灵兮未极，女婵媛兮为余太息。
横流涕兮潺湲，隐思君兮陫侧。
桂棹兮兰枻，斲冰兮积雪。
采薜荔兮水中，搴芙蓉兮木末；
心不同兮媒劳，恩不甚兮轻绝。
石濑兮浅浅，飞龙兮翩翩。
交不忠兮怨长，期不信兮告余以不闲。
鼌骋骛兮江皋，夕弭节兮北渚。
鸟次兮屋上，水周兮堂下。
捐余玦兮江中，遗余佩兮澧浦。
采芳洲兮杜若，将以遗兮下女。
时不可兮再得，聊逍遥兮容与。

湘夫人

帝子降兮北渚，目眇眇兮愁予。
嫋嫋兮秋风，洞庭波兮木叶下。
登白薠兮骋望，与佳期兮夕张。
鸟何萃兮蘋中？罾何为兮木上？
沅有茝兮澧有兰，思公子兮未敢言。
荒忽兮远望，观流水兮潺湲。
麋何食兮庭中？蛟何为兮水裔？
朝驰余马兮江皋，夕济兮西澨。
闻佳人兮召予，将腾驾兮偕逝。
筑室兮水中，葺之兮荷盖。
荪壁兮紫坛，瘈芳椒兮成堂。
桂栋兮兰橑，辛夷楣兮药房。
罔薜荔兮为帷，擗蕙櫋兮既张。

白玉兮为镇，疏石兰兮为芳。
芷葺兮荷屋，缭之兮杜衡。
合百草兮实庭，建芳馨兮庑门。
九嶷缤兮并迎，灵之来兮如云。
捐余袂兮江中，遗余褋兮澧浦。
搴汀洲兮杜若，将以遗兮远者。
时不可兮骤得，聊逍遥兮容与。

大司命

广开兮天门，纷吾乘兮玄云。
令飘风兮先驱，使涑雨兮洒尘。
君回翔兮以下，逾空桑兮从女。
纷总总兮九州，何寿夭兮在予！
高飞兮安翔，乘清气兮御阴阳。
吾与君兮斋速，导帝之兮九坑。

灵衣兮被被，玉佩兮陆离。
一阴兮一阳，众莫知兮余所为。
折疏麻兮瑶华，将以遗兮离居。
老冉冉兮既极，不寖近兮愈疏。
乘龙兮辚辚，高驰兮冲天。
结桂枝兮延伫，羌愈思兮愁人。
愁人兮奈何！愿若今兮无亏。
固人命兮有当，孰离合兮可为？

少司命

秋兰兮麋芜，罗生兮堂下。
绿叶兮素枝，芳菲菲兮袭予。
夫人自有兮美子，荪何以兮愁苦？
秋兰兮青青，绿叶兮紫茎。
满堂兮美人，忽独与余兮目成。

入不言兮出不辞，乘回风兮载云旗。
悲莫悲兮生别离，乐莫乐兮新相知。
荷衣兮蕙带，儵而来兮忽而逝。
夕宿兮帝郊，君谁须兮云之际？
与女沐兮咸池，晞女发兮阳之阿。
望媺人兮未来，临风怳兮浩歌。
孔盖兮翠旍，登九天兮抚彗星。
竦长剑兮拥幼艾，荪独宜兮为民正。

东君

暾将出兮东方，照吾槛兮扶桑。
抚余马兮安驱，夜皎皎兮既明。
驾龙辀兮乘雷，载云旗兮委蛇。
长太息兮将上，心低佪兮顾怀。
羌声色兮娱人，观者憺兮忘归。
縆瑟兮交鼓，箫钟兮瑶簴，
鸣䶵兮吹竽，思灵保兮贤姱。
翾飞兮翠曾，展诗兮会舞，
应律兮合节。灵之来兮蔽日。
青云衣兮白霓裳，举长矢兮射天狼。
操余弧兮反沦降，援北斗兮酌桂浆。
撰余辔兮高驼翔，杳冥冥兮以东行。

河伯

与女游兮九河，冲风起兮横波。
乘水车兮荷盖，驾两龙兮骖螭。
登昆仑兮四望，心飞扬兮浩荡。
日将暮兮怅忘归，惟极浦兮寤怀。
鱼鳞屋兮龙堂，紫贝阙兮朱宫。
灵何为兮水中？

乘白鼋兮逐文鱼，与女游兮河之渚，流澌纷兮将来下。
子交手兮东行，送美人兮南浦。
波滔滔兮来迎，鱼邻邻兮媵予。

山鬼

若有人兮山之阿，被薜荔兮带女罗。
既含睇兮又宜笑，子慕予兮善窈窕。
乘赤豹兮从文狸，辛夷车兮结桂旗。
被石兰兮带杜衡，折芳馨兮遗所思。
余处幽篁兮终不见天，路险难兮独后来。
表独立兮山之上，云容容兮而在下。
杳冥冥兮羌昼晦，东风飘兮神灵雨。
留灵修兮憺忘归，岁既晏兮孰华予？
采三秀兮于山间，石磊磊兮葛蔓蔓。
怨公子兮怅忘归，君思我兮不得闲。
山中人兮芳杜若，饮石泉兮荫松柏。
君思我兮然疑作。
雷填填兮雨冥冥，猨啾啾兮又夜鸣。
风飒飒兮木萧萧，思公子兮徒离忧。

国殇

操吴戈兮披犀甲，车错毂兮短兵接。
旌蔽日兮敌若云，矢交坠兮士争先。
凌余阵兮躐余行，左骖殪兮右刃伤。
霾两轮兮絷四马，援玉枹兮击鸣鼓。
天时坠兮威灵怒，严杀尽兮弃原野。
出不入兮往不反，平原忽兮路超远。
带长剑兮挟秦弓，首身离兮心不惩。
诚既勇兮又以武，终刚强兮不可凌。
身既死兮神以灵，子魂魄兮为鬼雄。

礼魂

成礼兮会鼓，传芭兮代舞，姱女倡兮容与。

春兰兮秋鞠，长无绝兮终古。

天问

曰：遂古之初，谁传道之？上下未形，何由考之？

冥昭瞢暗，谁能极之？冯翼惟像，何以识之？

明明暗暗，惟时何为？阴阳三合，何本何化？

圆则九重，孰营度之？惟兹何功，孰初作之？

斡维焉系？天极焉加？八柱何当？东南何亏？

九天之际，安放安属？隅隈多有，谁知其数？

天何所沓？十二焉分？日月安属？列星安陈？

出自汤谷，次于蒙汜，自明及晦，所行几里？

夜光何德，死则又育？厥利维何，而顾菟在腹？

女歧无合，夫焉取九子？伯强何处？惠气安在？

何阖而晦？何开而明？角宿未旦，曜灵安藏？

不任汩鸿，师何以尚之？佥曰何忧，何不课而行之？

鸱龟曳衔，鲧何听焉？顺欲成功，帝何刑焉？

永遏在羽山，夫何三年不施？伯禹愎鲧，夫何以变化？

纂就前绪，遂成考功。何续初继业，而厥谋不同？

洪泉极深，何以寘填之？地方九则，何以坟之？

应龙何画？河海何历？鲧何所营？禹何所成？

康回冯怒，地何故以东南倾？

九州安错？川谷何洿？东流不溢，孰知其故？

东西南北，其修孰多？南北顺椭，其衍几何？

昆仑县圃，其尻安在？增城九重，其高几里？

礼　魂

成礼兮会鼓，传芭兮代舞，姱女倡兮容与。
春兰兮秋菊，长无绝兮终古。

天　问

曰：遂古之初，谁传道之？上下未形，何由考之？
冥昭瞢暗，谁能极之？冯翼惟像，何以识之？
明明暗暗，惟时何为？阴阳三合，何本何化？
圜则九重，孰营度之？惟兹何功，孰初作之？
斡维焉系？天极焉加？八柱何当？东南何亏？
九天之际，安放安属？隅隈多有，谁知其数？
天何所沓？十二焉分？日月安属？列星安陈？
出自汤谷，次于蒙汜。自明及晦，所行几里？
夜光何德，死则又育？厥利维何，而顾菟在腹？

女岐无合，夫焉取九子？伯强何处？惠气安在？
何阖而晦？何开而明？角宿未旦，曜灵安藏？
不任汩鸿，师何以尚之？佥曰何忧，何不课而行之？
鸱龟曳衔，鲧何听焉？顺欲成功，帝何刑焉？
永遏在羽山，夫何三年不施？伯禹愎鲧，夫何以变化？
纂就前绪，遂成考功。何续初继业，而厥谋不同？
洪泉极深，何以窴之？地方九则，何以坟之？
应龙何画？河海何历？鲧何所营？禹何所成？
康回冯怒，地何故以东南倾？
九州安错？川谷何洿？东流不溢，孰知其故？
东西南北，其修孰多？南北顺椭，其衍几何？
昆仑县圃，其尻安在？增城九重，其高几里？

四方之门，其谁从焉？西北辟启，何气通焉？
日安不到，烛龙何照？羲和之未扬，若华何光？
何所冬暖？何所夏寒？焉有石林？何兽能言？

焉有虬龙，负熊以游？雄虺九首，儵忽焉在？
何所不死？长人何守？靡蓱九衢，枲华安居？
灵蛇吞象，厥大何如？
黑水玄趾，三危安在？延年不死，寿何所止？
鲮鱼何所？鬿堆焉处？羿焉彃日？乌焉解羽？

禹之力献功，降省下土四方。焉得彼嵞山女，而通之于台桑？
闵妃匹合，厥身是继。胡为嗜不同味，而快鼌饱？

启代益作后，卒然离蠥。何启惟忧，而能拘是达？
皆归射鞫，而无害厥躬。何后益作革，而禹播降？
启棘宾商，《九辩》、《九歌》。何勤子屠母，而死分竟地？
帝降夷羿，革孽夏民。胡射夫河伯，而妻彼雒嫔？
冯珧利决，封豨是射。何献蒸肉之膏，而后帝不若？
浞娶纯狐，眩妻爰谋。何羿之射革，而交吞揆之？

阻穷西征，岩何越焉？化为黄熊，巫何活焉？
咸播秬黍，莆雚是营。何由并投，而鲧疾修盈？
白蜺婴茀，胡为此堂？安得夫良药，不能固臧？
天式从横，阳离爰死。大鸟何鸣，夫焉丧厥体？

蓱号起雨，何以兴之？撰体协胁，鹿何膺之？
稹戴山抃，何以安之？释舟陵行，何以迁之？

惟浇在户，何求于嫂？何少康逐犬，而颠陨厥首？
女歧缝裳，而馆同爰止！何颠易厥首，而亲以逢殆？
汤谋易旅，何以厚之？覆舟斟寻，何道取之？
桀伐蒙山，何所得焉？妹嬉何肆，汤何殛焉？
舜闵在家，父何以鳏？尧不姚告，二女何亲？
厥萌在初，何所亿焉？璜台十成，谁所极焉？
登立为帝，孰道尚之？女娲有体，孰制匠之？
舜服厥弟，终然为害。何肆犬体，而厥身不危败？
吴获迄古，南岳是止。孰期去斯，得两男子？

缘鹄饰玉，后帝是飨。何承谋夏桀，终以灭丧？
帝乃降观，下逢伊挚。何条放致罚，而黎服大说？
简狄在台，喾何宜？玄鸟致贻，女何喜？
该秉季德，厥父是臧。胡终弊于有扈，牧夫牛羊？
干协时舞，何以怀之？平胁曼肤，何以肥之？
有扈牧竖，云何而逢？击床先出，其命何从？
恒秉季德，焉得夫朴牛？何往营班禄，不但还来？
昏微遵迹，有狄不宁。何繁鸟萃棘，负子肆情？
眩弟并淫，危害厥兄。
何变化以作诈，而后嗣逢长？

成汤东巡，有莘爰极。何乞彼小臣，而吉妃是得？
水滨之木，得彼小子。夫何恶之，媵有莘之妇？
汤出重泉，夫何罪尤？不胜心伐帝，夫谁使挑之？
会鼂争盟，何践吾期？苍鸟群飞，孰使萃之？
列击纣躬，叔旦不嘉。何亲揆发，定周之命以咨嗟？
授殷天下，其德安施？及成乃亡，其罪伊何？
争遣伐器，何以行之？并驱击翼，何以将之？
昭后成游，南土爰底。厥利惟何，逢彼白雉？
穆王巧挴，夫何为周流？环理天下，夫何索求？
妖夫曳衒，何号于市？周幽谁诛？焉得夫褒姒？
天命反侧，何罚何佑？齐桓九合，卒然身杀？
彼王纣之躬，孰使乱惑？何恶辅弼，谗谄是服？
比干何逆，而抑沈之？雷开何顺，而赐封之？
何圣人之一德，卒其异方？梅伯受醢，箕子详狂？
稷维元子，帝何竺之？投之于冰上，鸟何燠之？
何冯弓挟矢，殊能将之？既惊帝切激，何逢长之？
伯昌号衰，秉鞭作牧。何令彻彼岐社，命有殷国？
迁藏就岐，何能依？殷有惑妇，何所讥？
受赐兹醢，西伯上告。何亲就上帝罚，殷之命以不救？
师望在肆，昌何识？鼓刀扬声，后何喜？
武发杀殷，何所悒？载尸集战，何所急？

伯林雉经，维其何故？何感天抑坠，夫谁畏惧？
皇天集命，惟何戒之？受礼天下，又使至代之？
初汤臣挚，后兹承辅。何卒官汤，尊食宗绪？
勋阖梦生，少离散亡。何壮武厉，能流厥严？
彭铿斟雉，帝何飨？受寿永多，夫何长？
中央共牧，后何怒？蜂蛾微命，力何固？
惊女采薇，鹿何祐？北至回水，萃何喜？
兄有噬犬，弟何欲？易之以百两，卒无禄？
薄暮雷电，归何忧？厥严不奉，帝何求？
伏匿穴处，爰何云？荆勋作师，夫何长？
悟过改更，我又何言？吴光争国，久余是胜。
何环穿自闾社丘陵，爰出子文？
吾告堵敖以不长。何试上自予，忠名弥彰？

九章

惜诵

惜诵以致愍兮，发愤以抒情。
所作忠而言之兮，指苍天以为正。
令五帝以折中兮，戒六神与向服；
俾山川以备御兮，命咎繇使听直。
竭忠诚以事君兮，反离群而赘疣。
忘儇媚以背众兮，待明君其知之。
言与行其可迹兮，情与貌其不变。
故相臣莫若君兮，所以证之不远。

吾谊先君而后身兮，羌众人之所仇也。
专惟君而无他兮，又众兆之所雠也。
一心而不豫兮，羌不可保也。
疾亲君而无他兮，有招祸之道也。

思君其莫我忠兮，忽忘身之贱贫。
事君而不二兮，迷不知宠之门。
忠何罪以遇罚兮？亦非余心之所志；
行不群以巅越兮，又众兆之所咍。
纷逢尤以离谤兮，謇不可释也；
情沉抑而不达兮，又蔽而莫之白也。
心郁邑余侘傺兮，又莫察余之中情。
固烦言不可结而诒兮，愿陈志而无路。
退静默而莫余知兮，进号呼又莫吾闻。
申侘傺之烦惑兮，中闷瞀之忳忳。

昔余梦登天兮，魂中道而无杭。
吾使厉神占之兮，曰：『有志极而无旁。』
『终危独以离异兮？』曰：『君可思而不可恃。
故众口其铄金兮，初若是而逢殆。
惩于羹而吹韲兮，何不变此志也？
欲释阶而登天兮，犹有曩之态也。
众骇遽以离心兮，又何以为此伴也？
同极而异路兮，又何以为此援也？
晋申生之孝子兮，父信谗而不好。
行婞直而不豫兮，鲧功用而不就。
吾闻作忠以造怨兮，忽谓之过言。』
九折臂而成医兮，吾至今而知其信然。

矰弋机而在上兮，罻罗张而在下。
设张辟以娱君兮，愿侧身而无所。
欲儃佪以干傺兮，恐重患而离尤。
欲高飞而远集兮，君罔谓女何之？
欲横奔而失路兮，坚志而不忍。
背膺牉以交痛兮，心郁结而纡轸。
捣木兰以矫蕙兮，糳申椒以为粮。
播江离与滋菊兮，愿春日以为糗芳。
恐情质之不信兮，故重著以自明。
挢兹媚以私处兮，愿曾思而远身。

涉江

余幼好此奇服兮，年既老而不衰。
带长铗之陆离兮，冠切云之崔嵬。
被明月兮珮宝璐，世溷浊而莫余知兮，吾方高驰而不顾。

驾青虬兮骖白螭，吾与重华游兮瑶之圃。
登昆仑兮食玉英，与天地兮同寿，与日月兮齐光。
哀南夷之莫吾知兮，旦余济乎江湘。

乘鄂渚而反顾兮，欸秋冬之绪风。
步余马兮山皋，邸余车兮方林。
乘舲船余上沅兮，齐吴榜以击汰。
船容与而不进兮，淹回水而凝滞。
朝发枉陼兮，夕宿辰阳。
苟余心其端直兮，虽僻远之何伤！
入溆浦余儃佪兮，迷不知吾所如。
深林杳以冥冥兮，乃猿狖之所居。
山峻高以蔽日兮，下幽晦以多雨。
霰雪纷其无垠兮，云霏霏而承宇。

哀吾生之无乐兮，幽独处乎山中。
吾不能变心而从俗兮，固将愁苦而终穷！
接舆髡首兮，桑扈臝行，忠不必用兮，贤不必以。
伍子逢殃兮，比干菹醢。
与前世而皆然兮，吾又何怨乎今之人！
余将董道而不豫兮，固将重昏而终身！
乱曰：『鸾鸟凤皇，日以远兮。
燕雀乌鹊，巢堂坛兮。露申辛夷，死林薄兮。
腥臊并御，芳不得薄兮。阴阳易位，时不当兮。
怀信侘傺，忽乎吾将行兮！』

哀郢

皇天之不纯命兮，何百姓之震愆？
民离散而相失兮，方仲春而东迁。
去故乡而就远兮，遵江夏以流亡。
出国门而轸怀兮，甲之朝吾以行。
发郢都而去闾兮，怊荒忽其焉极？
楫齐扬以容与兮，哀见君而不再得。
望长楸而太息兮，涕淫淫其若霰。
过夏首而西浮兮，顾龙门而不见。
心婵媛而伤怀兮，眇不知其所蹠。
顺风波以从流兮，焉洋洋而为客。
凌阳侯之氾滥兮，忽翱翔之焉薄？
心絓结而不解兮，思蹇产而不释。
将运舟而下浮兮，上洞庭而下江。
去终古之所居兮，今逍遥而来东。
羌灵魂之欲归兮，何须臾而忘反！
背夏浦而西思兮，哀故都之日远。

登大坟以远望兮，聊以舒吾忧心。
哀州土之平乐兮，悲江介之遗风。
当陵阳之焉至兮，淼南渡之焉如？
曾不知夏之为丘兮，孰两东门之可芜？
心不怡之长久兮，忧与愁其相接。
惟郢路之辽远兮，江与夏之不可涉。
忽若去不信兮，至今九年而不复。
惨郁郁而不通兮，蹇侘傺而含戚。
外承欢之汋约兮，谌荏弱而难持。
忠湛湛而愿进兮，妒被离而鄣之。
尧舜之抗行兮，瞭杳杳而薄天。
众谗人之嫉妒兮，被以不慈之伪名。
憎愠惀之修美兮，好夫人之忼慨。
众踥蹀而日进兮，美超远而逾迈。
乱曰：『曼余目以流观兮，冀一反之何时？
鸟飞反故乡兮，狐死必首丘。
信非吾罪而弃逐兮，何日夜而忘之？』

抽思

心郁郁之忧思兮，独永叹乎增伤。
思蹇产之不释兮，曼遭夜之方长。
悲秋风之动容兮，何回极之浮浮！
数惟荪之多怒兮，伤余心之忧忧。
愿摇起而横奔兮，览民尤以自镇。
结微情以陈词兮，矫以遗夫美人。
昔君与我成言兮，曰：『黄昏以为期。』
羌中道而回畔兮，反既有此他志。

憍吾以其美好兮，览余以其修姱；
与余言而不信兮，盖为余而造怒。
愿承间而自察兮，心震悼而不敢；
悲夷犹而冀进兮，心怛伤之憺憺。
兹历情以陈辞兮，荪详聋而不闻；
固切人之不媚兮，众果以我为患。
初吾所陈之耿著兮，岂至今其庸亡？
何独乐斯之謇謇兮，愿荪美之可完。
望三五以为像兮，指彭咸以为仪。
夫何极而不至兮，故远闻而难亏。
善不由外来兮，名不可以虚作。
孰无施而有报兮，孰不实而有获？

少歌曰：『与美人之抽思兮，并日夜而无正。
憍吾以其美好兮，敖朕辞而不听。』

倡曰：『有鸟自南兮，来集汉北。
好姱佳丽兮，牉独处此异域。
既惸独而不群兮，又无良媒在其侧。
道卓远而日忘兮，愿自申而不得。
望北山而流涕兮，临流水而太息。
望孟夏之短夜兮，何晦明之若岁！
惟郢路之辽远兮，魂一夕而九逝。
曾不知路之曲直兮，南指月与列星。
愿径逝而未得兮，魂识路之营营。
何灵魂之信直兮，人之心不与吾心同！
理弱而媒不通兮，尚不知余之从容。』

乱曰：『长濑湍流，溯江潭兮。狂顾南行，聊以娱心兮。

轸石崴嵬，蹇吾愿兮。超回志度，行隐进兮。

低徊夷犹，宿北姑兮。烦冤瞀容，实沛徂兮。

愁叹苦神，灵遥思兮。路远处幽，又无行媒兮。

道思作颂，聊以自救兮；忧心不遂，斯言谁告兮！』

怀沙

滔滔孟夏兮，草木莽莽。伤怀永哀兮，汩徂南土。

眴兮杳杳，孔静幽默。郁结纡轸兮，离慜而长鞠。

抚情效志兮，冤屈而自抑。

刓方以为圆兮，常度未替。易初本迪兮，君子所鄙。

章画志墨兮，前图未改。

内厚质正兮，大人所盛。巧倕不斲兮，孰察其拨正。

玄文处幽兮，矇瞍谓之不章；离娄微睇兮，瞽以为无明。

变白以为黑兮，倒上以为下。凤皇在笯兮，鸡鹜翔舞。

同糅玉石兮，一概而相量。夫惟党人鄙固兮，羌不知余之所臧。

任重载盛兮，陷滞而不济；怀瑾握瑜兮，穷不知所示。

邑犬群吠兮，吠所怪也；非俊疑杰兮，固庸态也。

文质疏内兮，众不知余之异采。材朴委积兮，莫知余之所有。

重仁袭义兮，谨厚以为丰。重华不可遻兮，孰知余之从容！

古固有不并兮，岂知其何故！汤禹久远兮，邈而不可慕。

惩违改忿兮，抑心而自强。离慜而不迁兮，愿志之有像。

进路北次兮，日昧昧其将暮；舒忧娱哀兮，限之以大故。

乱曰：『浩浩沅湘，分流汩兮。修路幽蔽，道远忽兮。

怀质抱情，独无匹兮。伯乐既没，骥焉程兮！

民生禀命，各有所错兮。定心广志，余何畏惧兮。

曾伤爰哀，永叹喟兮。世溷浊莫吾知，人心不可谓兮。知死不可让，愿勿爱兮。明告君子，吾将以为类兮。』

思美人

思美人兮，擥涕而竚眙。
媒绝路阻兮，言不可结而诒。
蹇蹇之烦冤兮，陷滞而不发。
申旦以舒中情兮，志沈菀而莫达。
愿寄言于浮云兮，遇丰隆而不将。
因归鸟而致辞兮，羌迅高而难当。
高辛之灵晟兮，遭玄鸟而致诒。
欲变节以从俗兮，媿易初而屈志。
独历年而离愍兮，羌冯心犹未化。
宁隐闵而寿考兮，何变易之可为！
知前辙之不遂兮，未改此度。
车既覆而马颠兮，蹇独怀此异路。
勒骐骥而更驾兮，造父为我操之。
迁逡次而勿驱兮，聊假日以须时。
指嶓冢之西隈兮，与纁黄以为期。

开春发岁兮，白日出之悠悠。
吾将荡志而愉乐兮，遵江夏以娱忧。
擥大薄之芳茝兮，搴长洲之宿莽。
惜吾不及古人兮，吾谁与玩此芳草？
解萹薄与杂菜兮，备以为交佩。
佩缤纷以缭转兮，遂萎绝而离异。
吾且儃佪以娱忧兮，观南人之变态。
窃快在其中心兮，扬厥凭而不俟。

芳与泽其杂糅兮，羌芳华自中出。
纷郁郁其远蒸兮，满内而外扬。
情与质信可保兮，羌居蔽而闻章。
令薜荔以为理兮，惮举趾而缘木。
因芙蓉而为媒兮，惮褰裳而濡足。
登高吾不说兮，入下吾不能。
固朕形之不服兮，然容与而狐疑。
广遂前画兮，未改此度也。
命则处幽吾将罢兮，愿及白日之未暮也。
独茕茕而南行兮，思彭咸之故也。

惜往日

惜往日之曾信兮，受命诏以昭时。
奉先功以照下兮，明法度之嫌疑。
国富强而法立兮，属贞臣而日娭。
秘密事之载心兮，虽过失犹弗治。
心纯庬而不泄兮，遭谗人而嫉之。
君含怒而待臣兮，不清澄其然否。
蔽晦君之聪明兮，虚惑误又以欺。
弗参验以考实兮，远迁臣而弗思。
信谗谀之溷浊兮，盛气志而过之。

何贞臣之无罪兮，被离谤而见尤？
惭光景之诚信兮，身幽隐而备之。
临沅湘之玄渊兮，遂自忍而沈流。
卒没身而绝名兮，惜壅君之不昭。
君无度而弗察兮，使芳草为薮幽。
焉舒情而抽信兮，恬死亡而不聊。
独鄣廱而蔽隐兮，使贞臣为无由。

闻百里之为虏兮，伊尹烹于庖厨。
吕望屠于朝歌兮，宁戚歌而饭牛。
不逢汤武与桓缪兮，世孰云而知之。
吴信谗而弗味兮，子胥死而后忧。
介子忠而立枯兮，文君寤而追求；
封介山而为之禁兮，报大德之优游。
思久故之亲身兮，因缟素而哭之。
或忠信而死节兮，或訑谩而不疑。
弗省察而按实兮，听谗人之虚辞。
芳与泽其杂糅兮，孰申旦而别之。
何芳草之早殀兮，微霜降而下戒。
谅聪不明而蔽壅兮，使谗谀而日得。
自前世之嫉贤兮，谓蕙若其不可佩。
妒佳冶之芬芳兮，嫫母姣而自好。
虽有西施之美容兮，谗妒入以自代。
愿陈情以白行兮，得罪过之不意。
情冤见之日明兮，如列宿之错置。
乘骐骥而驰骋兮，无辔衔而自载；
乘氾泭以下流兮，无舟楫而自备；
背法度而心治兮，辟与此其无异。
宁溘死而流亡兮，恐祸殃之有再。
不毕辞而赴渊兮，惜壅君之不识。

橘颂

后皇嘉树，橘徕服兮。受命不迁，生南国兮。
深固难徙，更一志兮。绿叶素荣，纷其可喜兮。
曾枝剡棘，圆果抟兮。青黄杂糅，文章烂兮。

精色内白，类任道兮。纷缊宜修，姱而不丑兮。

嗟尔幼志，有以异兮。独立不迁，岂不可喜兮！
深固难徙，廓其无求兮。苏世独立，横而不流兮。
闭心自慎，终不失过兮。秉德无私，参天地兮。
愿岁并谢，与长友兮。淑离不淫，梗其有理兮。
年岁虽少，可师长兮。行比伯夷，置以为像兮。

悲回风

悲回风之摇蕙兮，心冤结而内伤。
物有微而陨性兮，声有隐而先倡。
夫何彭咸之造思兮，暨志介而不忘！
万变其情岂可盖兮，孰虚伪之可长！
鸟兽鸣以号群兮，草苴比而不芳。
鱼葺鳞以自别兮，蛟龙隐其文章。

故荼荠不同亩兮，兰茝幽而独芳。
惟佳人之永都兮，更统世而自贶。
眇远志之所及兮，怜浮云之相羊。
介眇志之所惑兮，窃赋诗之所明。

惟佳人之独怀兮，折若椒以自处。
曾歔欷之嗟嗟兮，独隐伏而思虑。
涕泣交而凄凄兮，思不眠以至曙。
终长夜之曼曼兮，掩此哀而不去。
寤从容以周流兮，聊逍遥以自恃。
伤太息之愍怜兮，气於邑而不可止。
纠思心以为纕兮，编愁苦以为膺。
折若木以蔽光兮，随飘风之所仍。
存仿佛而不见兮，心踊跃其若汤。

抚珮衽以案志兮，超惘惘而遂行。
岁曶曶其若颓兮，时亦冉冉而将至。
薠蘅槁而节离兮，芳以歇而不比。
怜思心之不可惩兮，证此言之不可聊。
宁溘死而流亡兮，不忍此心之常愁。
孤子吟而抆泪兮，放子出而不还。
孰能思而不隐兮，照彭咸之所闻。

登石峦以远望兮，路眇眇之默默。
入景响之无应兮，闻省想而不可得。
愁郁郁之无快兮，居戚戚而不可解。
心鞿羁而不开兮，气缭转而自缔。
穆眇眇之无垠兮，莽芒芒之无仪。
声有隐而相感兮，物有纯而不可为。
邈蔓蔓之不可量兮，缥绵绵之不可纡。
愁悄悄之常悲兮，翩冥冥之不可娱。
凌大波而流风兮，托彭咸之所居。

上高岩之峭岸兮，处雌蜺之标颠。
据青冥而摅虹兮，遂倏忽而扪天。
吸湛露之浮凉兮，漱凝霜之雰雰。
依风穴以自息兮，忽倾寤以婵媛。
冯昆仑以澄雾兮，隐瞰山以清江。
惮涌湍之磕磕兮，听波声之汹汹。
纷容容之无经兮，罔芒芒之无纪。
轧洋洋之无从兮，驰委移之焉止。
漂翻翻其上下兮，翼遥遥其左右。
氾潏潏其前后兮，伴张弛之信期。

观炎气之相仍兮，窥烟液之所积。
悲霜雪之俱下兮，听潮水之相击。
借光景以往来兮，施黄棘之枉策。
求介子之所存兮，见伯夷之放迹。
心调度而弗去兮，刻著志之无适。

曰：『吾怨往昔之所冀兮，悼来者之悐悐。
浮江淮而入海兮，从子胥而自适。
望大河之洲渚兮，悲申徒之抗迹。
骤谏君而不听兮，重任石之何益！
心絓结而不解兮，思蹇产而不释。』

远游

悲时俗之迫阨兮，愿轻举而远游。
质菲薄而无因兮，焉托乘而上浮？

遭沈浊而污秽兮，独郁结其谁语！
夜耿耿而不寐兮，魂营营而至曙。
惟天地之无穷兮，哀人生之长勤。
往者余弗及兮，来者吾不闻。
步徙倚而遥思兮，怊惝怳而永怀。
意荒忽而流荡兮，心愁凄而增悲。
神儵忽而不反兮，形枯槁而独留。
内惟省以端操兮，求正气之所由。
漠虚静以恬愉兮，澹无为而自得。
闻赤松之清尘兮，愿承风乎遗则。
贵真人之休德兮，美往世之登仙。
与化去而不见兮，名声著而日延。
奇傅说之托辰星兮，羡韩众之得一。
形穆穆以浸远兮，离人群而遁逸。

因气变而遂曾举兮，忽神奔而鬼怪。
时仿佛以遥见兮，精皎皎以往来。
绝氛埃而淑邮兮，终不反其故都。
免众患而不惧兮，世莫知其所如。
恐天时之代序兮，耀灵晔而西征。
微霜降而下沦兮，悼芳草之先零。
聊仿佯而逍遥兮，永历年而无成！
谁可与玩斯遗芳兮？长向风而舒情。
高阳邈以远兮，余将焉所程？

曰：『道可受兮，而不可传；
其小无内兮，其大无垠；
毋滑而魂兮，彼将自然；
一气孔神兮，于中夜存；
虚以待之兮，无为之先；
庶类以成兮，此德之门。』
重曰：春秋忽其不淹兮，奚久留此故居？
轩辕不可攀援兮，吾将从王乔而娱戏！
餐六气而饮沆瀣兮，漱正阳而含朝霞。
保神明之清澄兮，精气入而粗秽除。
顺凯风以从游兮，至南巢而一息。
见王子而宿之兮，审一气之和德。
闻至贵而遂徂兮，忽乎吾将行。
仍羽人于丹丘兮，留不死之旧乡。
朝濯发于汤谷兮，夕晞余身兮九阳。
吸飞泉之微液兮，怀琬琰之华英。
玉色頩以脕颜兮，精醇粹而始壮。
质销铄以汋约兮，神要眇以淫放。

嘉南州之炎德兮，丽桂树之冬荣。
山萧条而无兽兮，野寂漠其无人。
载营魄而登霞兮，掩浮云而上征。
命天阍其开关兮，排阊阖而望予。
召丰隆使先导兮，问大微之所居。
集重阳入帝宫兮，造旬始而观清都。
朝发轫于太仪兮，夕始临乎于微闾。

屯余车之万乘兮，纷溶与而并驰。
驾八龙之婉婉兮，载云旗之逶蛇。
建雄虹之采旄兮，五色杂而炫耀。
服偃蹇以低昂兮，骖连蜷以骄骜。
骑胶葛以杂乱兮，斑漫衍而方行。

撰余辔而正策兮，吾将过乎句芒。
历太皓以右转兮，前飞廉以启路。
阳杲杲其未光兮，凌天地以径度。
风伯为余先驱兮，氛埃辟而清凉。
凤皇翼其承旂兮，遇蓐收乎西皇。
擥彗星以为旍兮，举斗柄以为麾。
叛陆离其上下兮，游惊雾之流波。
时暧曃其曭莽兮，召玄武而奔属。
后文昌使掌行兮，选署众神以并毂。
路曼曼其修远兮，徐弭节而高厉。
左雨师使径侍兮，右雷公以为卫。
欲度世以忘归兮，意恣睢以担挢。
内欣欣而自美兮，聊媮娱以淫乐。
涉青云以泛滥游兮，忽临睨夫旧乡。

仆夫怀余心悲兮，边马顾而不行。
思旧故以想像兮，长太息而掩涕。
氾容与而遐举兮，聊抑志而自弭。
指炎神而直驰兮，吾将往乎南疑。
览方外之荒忽兮，沛罔象而自浮。
祝融戒而跸瘖兮，腾告鸾鸟迎宓妃。
张《咸池》奏《承云》兮，二女御《九韶》歌。
使湘灵鼓瑟兮，令海若舞冯夷。
玄螭虫象并出进兮，形蟉虬而逶蛇。
雌蜺便娟以增挠兮，鸾鸟轩翥而翔飞。
音乐博衍无终极兮，焉乃逝以徘徊。
舒并节以驰骛兮，逴绝垠乎寒门。
轶迅风于清源兮，从颛顼乎增冰。
历玄冥以邪径兮，乘间维以反顾。
召黔嬴而见之兮，为余先乎平路。
经营四荒兮，周流六漠。
上至列缺兮，降望大壑。
下峥嵘而无地兮，上寥廓而无天。
视倏忽而无见兮，听惝怳而无闻。
超无为以至清兮，与太初而为邻。

卜居

屈原既放，三年不得复见。竭知尽忠，而蔽障于谗，心烦虑乱，不知所从。乃往见太卜郑詹尹曰：『余有所疑，愿因先生决之。』

詹尹乃端策拂龟，曰：『君将何以教之？』

屈原曰：『吾宁悃悃款款朴以忠乎？将送往劳来斯无穷乎？宁诛锄草茅以力耕乎？将游大人以成名乎？宁正言不讳以危身乎？将从俗富贵以媮生乎？宁超然高举以保真乎？将哫訾栗斯喔咿儒兒，以事妇人

乎？宁廉洁正直以自清乎？将突梯滑稽，如脂如韦，以洁楹乎？宁昂昂若千里之驹乎？将氾氾若水中之凫，与波上下，偷以全吾躯乎？宁与骐骥亢轭乎？将随驽马之迹乎？宁与黄鹄比翼乎？将与鸡鹜争食乎？——此孰吉孰凶？何去何从？世溷浊而不清：蝉翼为重，千钧为轻；黄钟毁弃，瓦釜雷鸣；谗人高张，贤士无名。吁嗟默默兮，谁知吾之廉贞！』

詹尹乃释策而谢曰：『夫尺有所短，寸有所长；物有所不足，智有所不明；数有所不逮，神有所不通。用君之心，行君之意，龟策诚不能知此事！』

渔父

屈原既放，游于江潭，行吟泽畔，颜色憔悴，形容枯槁。渔父见而问之曰：『子非三闾大夫欤？何故至于斯？』

屈原曰：『举世皆浊我独清，众人皆醉我独醒，是以见放。』渔父曰：『圣人不凝滞于物，而能与世推移。世人皆浊，何不淈其泥而扬其波？众人皆醉，何不餔其糟而歠其釃？何故深思高举，自令放为？』屈原曰：『吾闻之：新沐者必弹冠，新浴者必振衣。安能以身之察察，受物之汶汶者乎？宁赴湘流，葬于江鱼之腹中。安能以皓皓之白，而蒙世俗之尘埃乎？』

渔父莞尔而笑，鼓枻而去。乃歌曰：『沧浪之水清兮，可以濯吾缨；沧浪之水浊兮，可以濯吾足！』遂去，不复与言。

招魂

朕幼清以廉洁兮，身服义而未沫；主此盛德兮，牵于俗而芜秽。

上无所考此盛德兮，长离殃而愁苦。

帝告巫阳曰：『有人在下，我欲辅之。魂魄离散，汝筮予之！』

巫阳对曰：『掌梦？上帝：命其难从；

若必筮予之，恐后之谢，不能复用。』

巫阳焉乃下招曰：魂兮归来！去君之恒干，何为四方些？

舍君之乐处，而离彼不祥些。

魂兮归来！东方不可以托些。长人千仞，惟魂是索些。

十日代出，流金铄石些。彼皆习之，魂往必释些。

归来归来！不可以托些。

魂兮归来！南方不可以止些。

雕题黑齿，得人肉以祀，以其骨为醢些。

蝮蛇蓁蓁，封狐千里些。

雄虺九首，往来儵忽，吞人以益其心些。

归来归来！不可以久淫些。

魂兮归来！西方之害，流沙千里些。

旋入雷渊，爢散而不可止些。幸而得脱，其外旷宇些。

赤蚁若象，玄蜂若壶些。五谷不生，藂菅是食些。

其土烂人，求水无所得些。彷徉无所倚，广大无所极些。

归来归来！恐自遗贼些。

魂兮归来！北方不可以止些。增冰峨峨，飞雪千里些。

归来归来！不可以久些。

魂兮归来！君无上天些。虎豹九关，啄害下人些。

一夫九首，拔木九千些。豺狼从目，往来侁侁些。

悬人以娭，投之深渊些。致命于帝，然后得瞑些。

归来归来！往恐危身些。

魂兮归来！君无下此幽都些。

土伯九约，其角觺觺些。敦脄血拇，逐人駓駓些。

参目虎首，其身若牛些。此皆甘人。

归来归来！恐自遗灾些。

魂兮归来！入修门些。工祝招君，背行先些。
秦篝齐缕，郑绵络些。招具该备，永啸呼些。
魂兮归来！反故居些。

天地四方，多贼奸些。像设君室，静闲安些。
高堂邃宇，槛层轩些。层台累榭，临高山些。
网户朱缀，刻方连些。冬有突厦，夏室寒些。
川谷径复，流潺湲些。光风转蕙，氾崇兰些。
经堂入奥，朱尘筵些。砥室翠翘，挂曲琼些。
翡翠珠被，烂齐光些。蒻阿拂壁，罗帱张些。
纂组绮缟，结琦璜些。
室中之观，多珍怪些。兰膏明烛，华容备些。
二八侍宿，射递代些。九侯淑女，多迅众些。
盛鬋不同制，实满宫些。容态好比，顺弥代些。

弱颜固植，謇其有意些。姱容修态，絙洞房些。
蛾眉曼睩，目腾光些。靡颜腻理，遗视矊些。
离榭修幕，侍君之闲些。
翡帷翠帐，饰高堂些。红壁沙版，玄玉梁些。
仰观刻桷，画龙蛇些。坐堂伏槛，临曲池些。
芙蓉始发，杂芰荷些。紫茎屏风，文缘波些。
文异豹饰，侍陂陁些。轩辌既低，步骑罗些。
兰薄户树，琼木篱些。魂兮归来！何远为些？

室家遂宗，食多方些。稻粢穱麦，挐黄粱些。
大苦醎酸，辛甘行些。肥牛之腱，臑若芳些。
和酸若苦，陈吴羹些。胹瘆炮羔，有柘浆些。
鹄酸臇凫，煎鸿鸧些。露鸡臛蠵，厉而不爽些。
粔籹蜜饵，有餦餭些。瑶浆蜜勺，实羽觞些。

挫糟冻饮，酎清凉些。华酌既陈，有琼浆些。

归反故室，敬而无妨些。

肴羞未通，女乐罗些。陈钟按鼓，造新歌些。

《涉江》、《采菱》，发《扬荷》些。美人既醉，朱颜酡些。

娭光眇视，目曾波些。被文服纤，丽而不奇些。

长发曼鬋，艳陆离些。二八齐容，起郑舞些。

衽若交竿，抚案下些。竽瑟狂会，搷鸣鼓些。

宫庭震惊，发《激楚》些。吴歈蔡讴，奏大吕些。

士女杂坐，乱而不分些。放陈组缨，班其相纷些。

郑卫妖玩，来杂陈些。《激楚》之结，独秀先些。

菎蔽象棋，有六簙些。分曹并进，遒相迫些。

成枭而牟，呼五白些。晋制犀比，费白日些。

铿钟摇簴，揳梓瑟些。娱酒不废，沈日夜些。

兰膏明烛，华镫错些。结撰至思，兰芳假些。

人有所极，同心赋些。酎饮尽欢，乐先故些。

魂兮归来！反故居些。

乱曰：『献岁发春兮，汩吾南征。菉蘋齐叶兮，白芷生。

路贯庐江兮，左长薄。倚沼畦瀛兮，遥望博。

青骊结驷兮，齐千乘。悬火延起兮，玄颜烝。

步及骤处兮，诱骋先。抑骛若通兮，引车右还。

与王趋梦兮，课后先。君王亲发兮，惮青兕。

朱明承夜兮，时不可淹。皋兰被径兮，斯路渐。

湛湛江水兮，上有枫。目极千里兮，伤春心。

魂兮归来，哀江南！』

（郝文勉　孙嘉镇　校订）